Pawel Broda

Spam in der Suchmaschinenoptimierung. Motivation, Tech.

GRIN - Verlag für akademische Texte

Der GRIN Verlag mit Sitz in München hat sich seit der Gründung im Jahr 1998 auf die
Veröffentlichung akademischer Texte spezialisiert.

Die Verlagswebseite www.grin.com ist für Studenten, Hochschullehrer und andere Akade-
miker die ideale Plattform, ihre Fachtexte, Studienarbeiten, Abschlussarbeiten oder Disser-
tationen einem breiten Publikum zu präsentieren.

Pawel Broda

Spam in der Suchmaschinenoptimierung. Motivation, Techniken und Konsequenzen

GRIN Verlag

Bibliografische Information der Deutschen Nationalbibliothek: Die Deutsche Bibliothek
verzeichnet diese Publikation in der Deutschen Nationalbibliografie; detaillierte bibliografische Daten sind im Internet über http://dnb.d-nb.de/ abrufbar.

1. Auflage 2009
Copyright © 2009 GRIN Verlag
http://www.grin.com/
Druck und Bindung: Books on Demand GmbH, Norderstedt Germany
ISBN 978-3-640-34801-5

Spam in der Suchmaschinenoptimierung-
Motivation, Techniken und Konsequenzen

Ludwig Maximilian Universität in München
Centrum für Informations –und Sprachverarbeitung

Inhaltsverzeichnis

1 Einführung

In der Zeit der rasant wachsenden Anzahl der registrierten Domänen spielen Suchdienste bei der Recherche im Netz eine gravierende Rolle. Sie basieren auf Information Retrieval Systemen und ermöglichen über Keywords-Indexe auf die in den Datenbanken gespeicherten Dokumente zuzugreifen. Die Ausgabe der Treffer erfolgt nach der Relevanz der indexierten Daten.

Kaum jemand kann sich heutzutage das Stöbern im Netz ohne Suchmaschinen vorstellen. Gesucht und gefunden werden im Internet nicht nur Informationen sondern auch Dienstleistungen und Güter. Die Suchdienste fungieren daher nicht nur als ein reiner Informationslieferant sondern sind auch ein wichtiges Marketinginstrument.

Die Disziplin, die sich mit der Rolle der Suchdienste im Marketingbereich beschäftigt, heißt Suchmaschinenmarketing. Die Konzepte des Suchmaschinenmarketings umfassen u.a. die Suchmaschinenoptimierung, dessen Maßnahmen dazu dienen, einer Webseite bessere Transparenz in den Suchergebnissen zu verschaffen. Die Suchmaschinenoptimierung berücksichtigt eine Vielzahl von Faktoren sowie verschiedene Herangehensweisen wie Onsite- und Offsite-Optimierung. Nach welchen Kriterien eine Webseite optimiert werden darf und was dabei beachtet werden muss, steht in den Richtlinien für Webmaster des jeweiligen Suchdienstes. Oft wird aber versucht, auch mit unerlaubten Mittel das erwünschte Ziel zu erreichen. In diesem Fall spricht man über Suchmaschinenspam.

Primäres Ziel der vorliegenden Arbeit besteht darin, grundlegende Spamtechniken in der Suchmaschinenoptimierung darzustellen. Neben den traditionellen Verfahren wie z.B.: Keyword-Stuffing werden auch die Web 2.0-Instrumente wie Blogs thematisiert.

Sekundär geht diese Arbeit auf die Bedeutung der Suchdienste ein und präsentiert alle Konzepte des Suchmaschinenmarketings. Es wird ebenfalls sowohl auf die Richtlinien für Webmaster als auch auf Spamming-Konsequenzen hingewiesen. Anschließend werden die Ergebnisse dieser Auseinandersetzung in einem Fazit zusammengefasst.

2 Bedeutung von Suchdiensten[1]

Suchdienste, neben den E-Mail-Diensten, gehören zu den häufigsten User-Aktivitäten im Netz.[2] Das wundert es kaum, wenn man das Ausmaß des Webs in Betracht zieht. Im Jahre 2007 waren über 118 Mio. Domänen registriert und davon ca. 54 Mio. aktiv.[3]

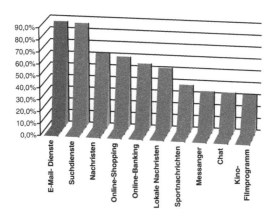

Gesucht werden nicht nur reine Informationen sondern auch Konsumgüter und Dienstleistungen. Schätzungen zufolge hatten schon im Jahre 2003 ca. 40-50% aller Suchanfragen einen kommerziellen Hintergrund.[4] In Anbetracht sowohl dieser Zahlen als auch der Tatsache, dass 56,3% der deutschen Bevölkerung online geht und davon 60,8% einen Suchdienst benutzt, kristallisiert sich eine besondere Bedeutung von Suchdiensten heraus. Eine der vorderen Positionen bei einem der Suchdienste

---

[1] Der Begriff „Suchdienst" bezeichnet: Suchmaschinen, Kataloge, Metasuchmaschinen oder Pay-per-Click-Engines. Die Unterschiede zwischen den oben erwähnten Begriffen werden hierbei nicht detailliert erläutert, weil sie für die vorliegende Arbeit irrelevant sind. Alle in dieser Arbeit angebrachten Beispiele beziehen sich auf die Suchmaschine Google. Allerdings ist es wichtig zu wissen, dass es verschiedene Typen von Suchdiensten gibt.
[2] Vgl. Buschmann (2008). In: Wie arbeiten die Suchmaschinen von morgen?, S.:89
[3] Vgl. Luft (2007), S.: 1 und
http://news.netcraft.com/archives/2007/05/01/may_2007_web_server_survey.html (25.04.2010)
[4] Vgl.: http://www.ecin.de/marketing/suchmaschinenroi/ (28.02.2009)

zu belegen, heißt, eine beträchtliche Anzahl potenzieller Kunden zu heranzulocken und damit einen entsprechend höheren Umsatz zu generieren. Wer in den Top-Positionen nicht präsent ist, existiert nicht für den potenziellen Markt. Eine Top-Position in den Suchergebnissen zu erreichen, ist ein komplexer Prozess, der einerseits an den technischen Restriktionen, denen die Suchmaschinen unterliegen, liegt, und andererseits an den Webseitenbetreibern selbst, die ihre Webseiten nicht suchmaschinenorientiert aufbereiten.[5] Die Disziplin, die sich mit dieser Problemstellung beschäftigt, heißt Suchmaschinenmarketing (SEM). Auf die Definition und auf die einzelnen Konzepte des Suchmaschinenmarketings wird im 3.Kapitel der vorliegenden Arbeit eingegangen.

2.1 Marktanteile der Suchmaschinen in Deutschland

Laut der aktuellen Studie[6] von **www.webhits.de** hat Google auf dem deutschen Markt mit 89,9 % eine Monopolstellung. Weit hinten platzieren sich Yahoo! (3,1%), T-Online (2,1%), MSN Live Search (1,9%), AOL Suche (0,7%), ask.com (0,5%), suche.freenet.de (0,2%), ixquick.com (0,2%), WEB.DE (0,2%) und Altavista (0,1%). Das Schlusslicht bilden andere Suchdienste wie gmx.de, fireball.de oder search.bluewin.ch.

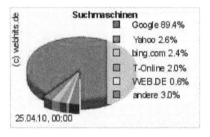

(Quelle: http://www.webhits.de/deutsch/index.shtml?webstats.html)

Im Angesicht obiger Zahlen beziehen sich alle in der vorliegenden Arbeit angegebenen Beispiele ausschließlich auf Google. Andere Suchdienste werden hier aufgrund ihrer sekundären Rolle nicht behandelt.

---

[5] Vgl. Luft (2007), S.: 1
[6] Vgl.: http://www.webhits.de/deutsch/index.shtml?webstats.html (25.04.2010)

3 Definition und Konzepte des Suchmaschinenmarketings

Stuber definiert das Suchmaschinenmarketing als „jegliche Maßnahme, die für die Aufnahme einer bestimmten Website im Index von Suchdiensten sorgt, um bei zuvor definierten, für die Website relevanten Nutzer-Abfragen so früh wie möglich in der vom Suchdienst sortierten Verweisliste aufzuscheinen".[7] Erlhofer wiederrum bezeichnet das Suchmaschinenmarketing als „alle Maßnahmen, um Besucher über Suchmaschinen auf die eigene Webseite zu führen. Prinzipiell lassen sich zwei Hauptbereiche definieren: zum einen das Erzeugen von Besucherströmen über die generische Listung im Index. Dies wird durch die Suchmaschinenoptimierung erreicht. Das Schalten von bezahlten Links (...) bildet den zweiten Bereich".[8] Mit anderen Wörtern kann das Suchmaschinenmarketing als alle Maßnahmen definiert werden, die dazu dienen, hohe Transparenz in den Suchdiensten in den Paid Search und Natural Search Bereichen zu gewinnen. Denn die hohe Transparenz einer Webseite bedeutet mehr Kunden, mehr Kunden bedeuten wiederum mehr Umsatz und mehr Gewinn.

Es werden drei Konzepte des Suchmaschinenmarketings differenziert: Keyword Advertising, Paid Inclusion und Suchmaschinenoptimierung.

3.1 Keyword Advertising

Als Keyword Advertising bezeichnet man das gezielte Schalten von Werbeanzeigen, die abhängig von den gewählten Schlüsselwörtern im Bereich der Paid Listing rechts neben den Suchergebnissen eingeblendet werden. Sie werden auch Sponsored Links genannt. Durch Keyword-Advertising und AdSense (Google AdWords) generiert Google den größten Teil (fast 99%) ihrer Einnahmen[9]. Dieses SEM-Konzept ist für die vorliegende Arbeit im Weiteren nicht relevant und wurde aus diesem Grund nur marginal behandelt.

---

[7] Stuber (2004), S.: 14
[8] Erlhofer (2007), S.: 448
[9] Vgl. http://www.cpc-consulting.net/Google-Umsatz-2008--n721 (02.03.2009)

3.2 Paid Inclusion

Bei Paid Inclusion handelt es sich um die Bezahlung für die Aufnahme einer Webseite in den Index einer Suchmaschine. Dann werden Inhalte einer Webseite gecrawlt und indexiert. Mit diesem Konzept erhalten Betreiber dynamisch generierter Webseiten, die durch Suchmaschinen aufgrund technischer Restriktionen nur teilweise oder überhaupt nicht erfasst werden können, die Möglichkeit, ihre Webinhalte den Suchmaschinen zur Verfügung zu stellen oder sie einfach zu aktualisieren. Dieses Konzept ist für die Spam-Thematik im Weiteren nicht relevant und hat hierbei nur einen rein informativen Charakter.

3.3 Suchmaschinenoptimierung

Die Suchmaschinenoptimierung (SEO) ist ein sehr komplexes und meistens auch ein sehr langwieriges Unterfangen. Mit diesem Begriff werden sämtliche Optimierungs- und Aufbereitungsmaßnahmen bezeichnet, die zur Verbesserung der Position einer Webseite in den Suchergebnissen einer Suchmaschine führen. Über vorher definierte Schlüsselwörter, die auch eine Konkurrenzwebseite verwendet, sollte die betroffene Webseite auf höheren Positionen gefunden werden als die Webpräsenz der Konkurrenz.

Hierbei unterscheiden wir zwei Kategorien der Suchmaschinenoptimierung:

- Onsite-Optimierung beschäftigt sich mit den Faktoren, die zur Berechnung der Webseitenrelevanz beitragen, z.B.: Keyworddichte (Bodybereich) oder korrekte Verwendung von Meta-Tags.

- Offsite-Optimierung umfasst alle Maßnahmen, die sich nicht direkt auf die Webseite beziehen sondern sie von außen beeinflussen, z.B.: Link-Popularity, Alter der Domäne oder inhaltliche Relevanz der Gesamtseite.

Das SEO-Konzept ist maßgeblich für das Thema der vorliegenden Arbeit. Denn die Optimierung kann auf verschiedene Weise und nicht immer nach den Richtlinien des jeweiligen Suchdienstes durchgeführt werden. Eine Webseite kann auch überoptimiert werden. In beiden Fällen können solche Maßnahmen die umgekehrte Wirkung haben, d.h. statt Verbesserung der Platzierung einer Webseite wird sie im Extremfall aus dem Index entfernt.

4 Googles Richtlinien für Webmaster

Auf der Google-Webseite findet man keine Spam-Definition[10] sondern nur Richtlinien für Webmaster, die beim Konzipieren einer Webseite beachtet werden müssen. Sie sind unter folgender Adresse zu finden:

http://www.google.com/support/webmasters

Die dort angegebenen Googles Richtlinien für Webmaster[11] enthalten kurz und klar formulierte Ratschläge zum Konzipieren einer Webseite. Sie sind folgendermaßen gegliedert:

- Richtlinien zur Gestaltung und zum Content

  (Klarer und gut strukturierter Aufbau, Textlinks, informativer Content, passende Keywords, korrekte HTML-Syntax, keine tote oder fehlerhafte Links, vernünftiges Maß an auf einer Seite vorhandener Links)

- Technische Richtlinien

  (Verwendung zum Überprüfen einer Webseite eines Textbrowsers, suchroboterfreundliche Optimierung, Verwenden der Datei *robots.txt*, ausschließen mithilfe der Datei robots.txt dynamisch generierter Seiten, die für den User, keinen informativen Wert haben)

- Qualitätsrichtlinien

  (Erstellung einer Webseite primär für User und sekundär für Suchmaschinen, Verzichten auf Tricks, die das Suchmaschinen-Ranking verbessern sollen, keine Teilnahme an Linksaustauschprogrammen, Vermeiden verborgener Links oder Texte, Vermeiden von Cloaking, keine automatische Suchanfragen, keine doppelte Webseiten, keine Seiten mit schädlichen Funktionen).

Um eine Seite, die in den Suchergebnissen nicht auftaucht, zu überprüfen, ob sie nach den oben erwähnten Kriterien konzipiert worden ist, und nicht gegen die Googles Richtlinien verstößt, kann bei Google ein Antrag auf eine erneute Überprüfung einer Webseite gestellt werden.[12]

---

[10] Vgl. Frontczak (2006), S.:225

[11] Vgl.: http://www.google.com/support/webmasters/bin/answer.py?answer=35769 (20.01.2009)

[12] Den Antrag auf eine Überprüfung kann man stellen unter:
http://www.google.com/support/webmasters/bin/answer.py?answer=35843 (21.01.2009)

5 Spam- Techniken

Zwischen Optimierung und Täuschungsversuch, der hier als Spam verstanden wird, gibt es technisch gesehen keinen Unterschied. Beide Methoden haben denselben Zweck, die Präsenz einer bestimmten Webseite in den Suchergebnissen zu verbessern. Während die Suchmaschinen-Optimierung auf der Veränderung der Inhalte und Struktur nach den Suchmaschinenrichtlinien beruht, handelt es sich bei den Spam-Techniken um einen Verstoß gegen diese Regeln. Die Suchmaschinen sind an echte auf einer zuverlässigen Textanalyse basierende Informationen interessiert, die sie ihren Kunden anbieten können. Beim Spam handelt es sich um den Versuch, die Suchergebnissen eines Suchdienstes zu manipulieren. Die Lieferung falscher Ergebnisse führt dazu, dass der jeweilige Suchdienst bei den Usern als unzuverlässig gelten kann. Desweiteren dienen die gemeldeten Webseiten den Suchdiensten nicht nur zur manuellen Verbesserung der Suchergebnisse sondern sie stellen auch die Grundlage zur Optimierung der eigenen Erkennungsmechanismen dar.[13]

Die im folgenden Kapitel dargestellten Spam-Methoden können in vier Bereiche eingegliedert werden: Content-Spamming (body spam, title spam, metatag spam), Link-Spamming (outgoing- und incoming links), Hiding-Techniken (hiding content, redirections) und Combating Spam (cloaking).[14] Allerdings ist das die sprichwörtliche Eisbergspitze. Die detaillierte Darstellung aller Spam-Techniken ist aus verständlichen Gründen nicht möglich und würde den Rahmen dieser Arbeit sprengen.

5.1 Versteckte oder kleine Texte

Oft wird es versucht, die Inhalte vor dem Benutzer zu verstecken und sie gleichzeitig so zu gestalten, dass sie von Suchmaschinen einwandfrei erkannt werden. Dieses Verfahren verstößt gegen das Prinzip, eine Webseite gleichermaßen für Mensch und Suchmaschine zu optimieren.[15] Hierbei wird es selbstverständlich nicht gemeint, die Schlüsselbegriffe in den Stellen zu platzieren, die an sich unsichtbar sind, wie z.B.

---

[13] Vgl.: Erlhofer (2007), S.: 306
[14] Vgl. Liu (2007), S.:230-234
[15] Vgl. ebenda, S.: 308

verschiedene Hidden-Fields in dem Quellcode der Seite (Noframes-Tag, Keywords Content oder Description Content). Eins der transparentesten Beispiele für die Manipulation von Suchmaschinen sind in diesem Fall Text-Hiding oder Text-Smalling. Das Verstecken der Inhalte wird auf verschiedene Weisen realisiert: Der Text wird entweder so verkleinert, dass der Benutzer nicht in der Lage ist, ihn zu sehen, oder wird er an die Farbe des Hintergrundes angepasst. Es besteht auch die Möglichkeit, einen Text außerhalb der User-Sichtweite zu platzieren. All diese Verfahren können selbstverständlich auch beliebig miteinander kombiniert werden. So ist es möglich z.b. auf einer Webseite die Keywords anzureichern oder Links anzugeben, die durch Browser nicht interpretiert aber durch Suchmaschinen analysiert werden.

- Beispiel eines Textes, der an die Farbe des Hintergrunds angepasst ist:

```
<body color="#ffffff">
<p> sichtbarer Text</p>
<p><font color="#ffffff"> unsichtbarer Text </font></p>
</body>
```

(Aus: Erlhofer (2007), S.:309)

Die hier herangezogene Farbcodierung basiert auf dem hexadezimalen System und die Kombination „ff" steht für den Maximalwert 255. Die Kodierung ist nach dem sogenannten RGB- Farbraum Prinzip konzipiert, in dem jeweils zwei Stellen nach der Raute die Farben Rot, Grün und Blau darstellen. Die Kombination drei Höchstwerte aller Farben ergibt Weiß.

Für die Suchmaschinen war diese Art des Text-Hidings ganz leicht aufzudecken, nämlich durch einen simplen Abgleich zwischen der Hintergrundfarbe und der Schriftfarbe. Im Gegenzug veränderten Webautoren die Werte so, dass nicht mehr identische Farbe genutzt wurde, sondern lediglich eine sehr ähnliche z.B.: „#ffffcc", die ja trotzdem kaum noch sichtbar war und ihre Aufgabe damit hervorragend erfüllte. Um dies zu verhindern, setzten die Suchmaschinen ein Verfahren zum mathematischen Ähnlichkeitsberechnung ein, das prüft, ob sich die Textfarbe von der Hintergrundfarbe genügend absetzt. Wird ein bestimmter Schwellenwert überschritten, dann wird eine Webseite als Spam eingestuft.[16]

---

[16] Vgl. Erlhofer, S.: 310

- Beispiel eines sehr kleinen Textes:

```
<p style="font - size: 2px"> Sehr kleiner Text, der für den User
nicht sichtbar ist </p>
```

(Aus: Kobis (2004), S.: 186)

Der zwischen den Tags platzierte Text ist so klein, dass er vom User nicht gesehen wird. Diese Art des Text-Smalling wird oft für Keyword-Stuffing[17] oder für Anreichern von Keywords eingesetzt.

- Beispiel eines Textes, der sich außerhalb des sichtbaren Fensterbereiches befindet:

```
<html>
<head>
<title>Text außerhalb des sichtbaren Fensterbereiches </text>
<style type="text/css">
h1
{
position:absolute;
left: -5000px;
top: -5000px;
}
</style>
</head>
</body>
<h1> Text </h1>
</body></html>
```

(Aus: Kobis (2004),S.:183)

Um diesen Text auf dem Bildschirm zu sehen, müsste der User über einen Bildschirm mit einer sehr großen Auflösung verfügen. Sonst bleibt dieser Text außerhalb der Sichtweite des Users und wird trotzdem einwandfrei durch die Suchmaschinen analysiert.

---

[17] Der Begriff „Keyword-Stuffing" wird im nächsten Kapitel ausführlich behandelt.

- Beispiel eines versteckten Textes

```
<html><head></head><body><p style="display: none;"> Versteckter Text
</p></body></html>
```

(Aus: Kobis (2004), S.:182)

Der versteckte Text wird nur dann sichtbar, wenn man den Quellcode der Webseite anzeigen lässt.

- Beispiel eines versteckten Links (Hidden-Link)

```
[...] Apfelsaft ohne Zucker <a href="seite.html">. </a>
```

(Aus: Erlhofer (2007), S.: 314)

Links oder Buttons (graphische Elemente) wurden mit der Idee konzipiert, dem User bei der Navigation auf einer Webseite zu helfen und ihn weiterzuleiten. Werden sie versteckt, dann gilt dies als Spam.

Im obigen Beispiel wurde ein Verweis nicht ganz versteckt sondern nur auf einem Punkt begrenzt, was ebenfalls als Spam gilt.

Diese Art der Manipulation dient ausschließlich der Erhöhung der Link-Popularity. Gleichzeitig wird verhindert, dass der User von der aktuellen Webseite durch die zahlreich gesetzte Linksangebote weggelockt wird sondern sich möglichst lange auf der eigenen Webseite aufhält. Die Verweildauer ist im Zusammenhang mit der Click-Popularity ein wichtiges Faktor, das zum guten Pagerank beiträgt.[18]

Andere Verfahren:

- Links und Fließtext werden mit gleicher Farbe markiert
- Auf der Webseite wird ein Phantom-Pixel[19] platziert
- Links werden in unsichtbaren Elementen versteckt

---

[18] Vgl. Erlhofer (2007), S.:314
[19] Unter dem Phantom-Pixel wird ein kleines graphisches Element gemeint, der eine beliebige Anzahl von Links enthalten kann. Mehr dazu: Thurow (2004), S.: 197; Erlhofer (2007), S.: 250.

5.2 Keyword- Stuffing

Alle Techniken, die eine möglichst größte Anzahl von Keywords auf einer Webseite zu platzieren versuchen, werden von den Suchmaschinen als Keyword-Stuffing bezeichnet. Warum ist die Manipulation der Keyword-Dichte so bedeutend? Das Bestimmen von repräsentativen Schlüsselwörtern hat sich als das zentrale Mittel der Information Retrieval herauskristallisiert. Je häufige ein Schlüsselwort innerhalb eines Dokumentes vorkommt, desto bedeutender ist er für den Inhalt.[20] Das Platzieren von Keywords findet am häufigsten im Seitenkopf, in einem für den User unsichtbaren Bereich, statt. Da dieses Verfahren insbesondere in den Meta-Tags wie z.B. `meta name="description"` oder `meta name="keywords"` zu beobachten war, wurden die Meta-Tags ganz schnell nicht mehr so hoch gewichtet. Um diese Art der Manipulation zu erkennen, werden verschiedene Verfahren angewendet. Oft die Tatsache, dass einige Begriffe besonders häufig innerhalb eines Textes vertreten sind, liefert einen transparenten Beweis dafür, dass man mit Spam zu tun hat.

5.3 Kommentare

Beispiel eines im Kommentar versteckten Textes:

```
<!-- Hier befindet sich ein beliebiger Text, der für den User nicht
sichtbar ist, wird aber trotzdem von den Suchmaschinen einwandfrei
analysiert... -->
```

(Aus: Kobis (2004), S.: 186)

Der versteckte Text ist erst dann sichtbar, wenn der Quellcode der Webseite angezeigt wird, sonst wird nur eine leere Webseite angezeigt. Da die Kommentare bei Google nicht allzu hoch gewichtet sind, ist das ein relativ wenig effizienter Täuschungsversuch.[21]

---

[20] Vgl. ebenda, S.: 307
[21] Vgl. Kobis (2004), S.:187

5.4 Bait-And-Switch

Mit der Methode Bait-And-Switch wird der Inhalt einer Webseite zu einem strategisch günstigen Zeitpunkt ausgetauscht. Die Operation verläuft in zwei Schritten. Zuerst wird die Webseite optimiert und dann bei Suchmaschinen angemeldet. Nachdem sie indexiert wurde, wird unter dem angemeldeten URL eine andere und nicht optimierte Webseite mit ganz anderen Inhalten platziert. Dieser Täuschungsversuch funktioniert jedoch nur bei den Suchmaschinen, die „eine niedrige Wiederbesuchsfrequenz besitzen"[22]. Beim nächsten Besuch des Webcrawlers, um eventuelle Aktualisierungen zu erfassen, verschwindet logischerweise dieser Optimierungseffekt, weil es anstelle einer gut optimierten Webseite die Daten einer anderen indexiert werden.

Aufgrund dessen wird diese Methode nur zu kurzfristigen Promotionsaktionen angewendet. Obwohl es sich hierbei ebenfalls um einen Täuschungsversuch (Spam) handelt, wird bei den Suchmaschinen in diesem Fall nicht zwischen Seiten-Updates und Bait-And-Switch unterschieden.

5.5 Meta-Spam

Diese Technik besteht darin, in den Meta-Tags solche Begriffe anzugeben, die mit dem tatsächlichen Inhalt der Webseite nicht zu tun haben. Der Hintergedanke dabei ist, mit den gängigen und oft gesuchten Keywords ein höheres Ranking bei den Suchmaschinen zu erzielen und die Besucherscharen auf die eigene Webseite zu locken.

In der Vergangenheit wurde häufig das Keyword „Sex" in dem `meta name="keywords"` platziert, in Anbetracht dessen, dass eben dieses Wort sehr oft als „query" gewählt wird. Inwieweit ist diese Art der „Optimierung" vorteilhaft?

Man darf nicht vergessen, dass die Kohärenz zwischen Titel, Meta-Tags und dem Content einer Webseite sehr wichtig ist. Wird dieser Zusammenhang gestört, weil die Meta-Tags solche Begriffe enthalten, die mit dem tatsächlichen Content nicht zu tun haben, verfehlt dann der Meta-Spam seinem beabsichtigten Zweck.

---

[22] Erlhofer (2007), S.: 323

5.6 Cloaking

Cloaking bezeichnet eine besonders ausgereifte Form des Spams. Diese Methode beruht darauf, dass der User und die Suchmaschine zwei unterschiedliche Webseiten erhalten. Hierbei handelt es sich um das Verstecken vor dem User bestimmter Webseiteninhalte.

Beispiel:

```
<?php
$browse = !empty($_SERVER[ 'HTTP_USER_AGENT']) ? $_SERVER
['HTTP_USER_AGENT'] : $_ENV['HTTP_USER_AGENT];

if(preg_match('/(lycos|googlebot|slurp@inktomi|ask jeeves|whatuseek|
ia_archiver)/i, $browse) )
    {
    $blnRobot = true;
    //Hier können beliebige Links (oder rein Text) eingegeben
      werden, die nur von den Suchmaschinen analysiert werden.
    }
else
    {
    $blnRobot = false;
    }
?>
```

(Aus: Kobis (2004), S.:191)

Die Funktion preg_match() kann um beliebig viele Argumente erweitert werden, indem weitere Roboter getrennt mit dem „| „Zeichen hinzugefügt werden. Wenn die Variable den Wert „true" hat, bedeutet das, dass die Webseite von einem der angegebenen Roboter besucht wurden. Im anderen Fall war das ein User oder ein nicht definierter Roboter.

Wurde die Webseite von einem User besucht, so bekommt er die eigentliche Seite angezeigt. Wurde aber über die Zeile im HTTP::Request ein Webcrawler identifiziert, so veranlasst das Skript das Senden einer anderen Seite. Alle Webcrawler unterscheiden sich nicht nur von Browsern, sonder auch voneinander durch eine eindeutige Kennung. Auf diese Weise kann eine Webseite entsprechend für einzelne Suchmaschinen optimiert werden.

Um festzustellen, ob man mit dem Cloaking zu tun hat, muss man die Kopie der im Cache abgespeicherten Webseite, die der Sichtweise des Crawlers entspricht, mit der Ansicht des Browsers vergleichen. Kann man auf diese Art und Weise gewisse

Unterschiede erkennen, dann ist man dem Cloaking zum Opfer gefallen. Um das Cloaking zu orten, „setzen die Suchmaschinen besondere Webcrawler zur Überprüfung bereits erfasster Dokumente ein."[23] Sie bewegen sich anonym im Netz und simulieren dem Webservern mit dem veränderten User-Agent-Eintrag in der HTTP::Request - Funktion ein anderer Roboter zu sein. Man darf jedoch nicht vergessen, dass die Erkennung nicht nur über den definierten User-Agent sonder auch über die bei dem HTTP::Request mitgelieferte IP-Adresse erfolgen kann. Auf dieser Erkenntnis basiert das sogenannte IP-Delivering[24], das zur Erkennung der Suchmaschinencrawlern eingesetzt wird.

5.7 Doorway-Page

Unter einer Doorway-Page wird eine Webseite bezeichnet, die speziell dazu konzipiert wurde, um einen bestimmten Begriff in den Ergebnissen der Suchmaschinen gut zu platzieren und den User automatisch auf eine andere Webseite weiterzuleiten.[25]

Eine Doorway-Page charakterisiert sich durch zwei Eigenschaften. Erstens bildet sie eine separate Struktur. Sie wird zuerst unter einem bestimmten Aspekt optimiert, was ihr damit ein hohes Traffic mit einer großen Besucherzahl verschafft. Zweitens ist sie ganz oft keine Landingpage sondern führt sie per Hyperlink oder automatische Weiterleitung (z.B. mithilfe von JavaScript) auf die eigentliche Seite. Der Prozess der automatischen Weiterleitung wird vom User meistens nicht bemerkt. Manchmal ist eine Doorway-Page etwas geschickter als eine Willkommen-Seite konzipiert und der User kommt durch einen Klick zu der eigentlichen Seite.

Die Optimierung der Doorway-Pages konzentriert sich meistens auf nur ein einziges Keyword und berücksichtigt dabei alle manipulierbaren Ranking-Kriterien sowie grundsätzliche Optimierungsverfahren: Keyword-Dichte, Keyword-Häufigkeit und Keyword-Prominenz. Eine noch effizientere Vorgehensweise ist die Optimierung einer Doorway-Page nur im Bezug auf Anforderungen einer einzigen Suchmaschine. Bei dieser Technik wird die Optik total außer Acht gelassen. Es wird eine Webseite erstellt, die aus dem reinen Text besteht und nicht eine typische, graphisch

---

[23] Erlhofer (2007), S.:322
[24] Vgl. ebenda, S.: 322
[25] Vgl. Kobis (2004),S.: 193

anspruchsvoll konzipierte und benutzerorientierte Webseite ähnelt. Wird eine Webseite als Doorway-Page erkannt, wird sie und alle dort verlinkten Seiten meistens aus dem Datenbestand entfernt. Ihr Einsatz ist nur dann sinnvoll und wird toleriert, wenn sie als eine Information-Page dient. In manchen Fällen kann nämlich eine eigentliche Seite aus verschiedenen Gründen nicht optimiert werden, z.B.: bei Bildgalerien.

Andere Bezeichnungen für eine Doorway-Page sind: Gateway-Page, Ghost-Page, Pointer-Page, Entry-Page, Jump-Page, Affiliate-Page, Advertising-Page, Supplemental-Page und Information-Page.[26]

5.8 Gefälschter Pagerank

Bei gefälschtem Pagerank wird eine Webseite auf eine URL mit hohem Pagerank weitergeleitet. [27]Nach der Aktualisierung wird ihr von Google der gleiche Pagerank übertragen, den die verlinkte Seite besitzt. Dann erfolgt die Entfernung der Weiterleitung. Beispiel:

```
<?
Header ("http/1.1 301 Moved Permanently" );
Header ("Location: http://neue_url.de");
?>
```

(Aus: Kobis (2004), S.: 192)

Bei diesem Verfahren sollen die erwünschten Ergebnisse nach ca. 3-6 Monaten auftreten. Diese Periode hängt davon ab, wie schnell Google die Aktualisierungen vornimmt.[28]

Eine noch bessere Methode besteht darin, den gefälschten Pagerank mit dem Cloaking zu kombinieren. Dem User wird eine eigentliche Webseite angezeigt und der Roboter sieht eine Weiterleitung, die zur Erhöhung des Pageranks führt. Beispiel:

```
<?php
$browse = !empty($_SERVER[ 'HTTP_USER_AGENT']) ? $_SERVER
['HTTP_USER_AGENT'] : $_ENV['HTTP_USER_AGENT];
```

---

[26] Vgl. Erlhofer (2007), S.: 318
[27] Vgl. Kobis (2004), S.: 192
[28] Vgl. Kobis (2004), S.: 192

```
if(preg_match('/(googlebot)/i, $browse) )
{
Header ("http/1.1 301 Moved Permanently" );
Header ("Location: http://neue_url.de");
}
//Hier steht eine für User zugängliche Webseite
?>
```

(Aus: Kobis (2004), S.: 192)

Wie bereits im Kapitel 4.6 erwähnt, setzt Google zum Crawlen Roboter auch inkognito ein. Diese Methode wird Spoofing genannt.[29] Im Internet stehen ganze Listen mit kompletten IP-Bereichen zur Verfügung, die durch Webcrawler verschiedener Suchmaschinen verwendet werden. Statt den Namen jeden einzelnen Users zu prüfen, kann man seine IP abfragen. Auf diese Art und Weise funktioniert die eigentliche Domäne und weist gleichzeitig einen hohen Pagerank auf.

5.9 Page-Jacking

Der Begriff Page-Jacking bezeichnet eine Methode, die versucht, die Besucher einer Konkurrenz-Webseite auf eine eigene Seite umzuleiten. Meistens passiert dies durch die vorhandenen Sicherheitslücken im Content-Management-System. Eine besonders beliebte Variante dieser Technik beruht auf dem Entfernen der Konkurrenzseite aus dem Suchmaschinenindex.[30] Die Methode ist ganz einfach. Der Quellcode der Konkurrenzseite wird kopiert und woanders gehostet. Auf diese Art entsteht eine Dublette, auf der noch zusätzlich ein 302-Redirect angelegt wird. Das Ganze sieht nach einer temporären Umleitung von der Page-Jacking Webseite (erstellte Kopie) zu der Konkurrenzseite aus. Den Suchmaschinen soll dadurch der Eindruck vermittelt werden, als wäre die Page-Jacking Webseite eine neue, sich noch in Arbeit befindende Webseite der Konkurrenz, deshalb die alte Webpräsenz ihre Aktualität noch temporär behält. Da sich die Suchmaschinen um die Vermeidung der Dubletten bemühen, werden alle alten Einträge der URL-Datenbank mit den neuen Daten der Page-Jacking Webseite ersetzt. Es wird auch davon ausgegangen, die temporäre Umleitung werde bald aufgelöst. Auf diese Art und Weise werden Einträge der Suchmaschinendatenbank verändert.

---

[29] Vgl. http://www.seofactory.de/suchmaschinen-glossar/S/Spoofing/ (01.02.2009)
[30] Vgl. Erlhofer (2007), S.:326

In der Umleitungsphase soll der User die Konkurrenzwebseite, nicht die kopierte Webseite angezeigt bekommen. Um dieses Ziel zu erreichen, wird in dieser Technik oft auch das Cloaking und IP-Delivering eingesetzt. Das 302-Redirect leitet nur Suchmaschinen und Webcrawler um.[31] Ein anderes Page-Jacking Verfahren beruht darauf, dass man die Inhalte einer Webseite kopiert und auf Seiten mit niedrigem Pagerank umleitet, um einen negativen Einfluss auf den Pagerank der betroffenen Webseite auszuüben. Dieses Problem wurde im Kapitel 4.8 der vorliegenden Arbeit ausführlich behandelt.

5.10 CSS Formatierung

Eine andere Methode, Webseiten zu „optimieren", stellt die Anwendung von CSS (Cascading Stylesheets) dar. Es ist bekannt, dass fast alle Suchmaschinen Probleme damit haben, Webseiten mit CSS korrekt zu analysieren. Daher bedeutet die Einführung von CSS eine neue Generation des Text-Hidings. Dazu konkretes Beispiel:

```
<body>
     <h1>Mit h1 formatierte Überschrift</h1>
     . . .
</body>


body h1 {
display: none;
}
```

Die Überschrift wird mit den HTML-Tags von <h1> bis <h6> markiert. Für die Suchmaschinen-Optimierung ist allerdings nur der Bereich von <h1> bis <h2> relevant. Andere Überschriftbereiche (<h>-Bereiche) werden nicht so hoch gewichtet. Nicht immer passt aber eine <h1>- Überschrift zum Webseiten-Layout. Dieses Problem lässt sich sehr elegant mit Cascading Stylesheets erledigen. Wird dabei eine externe Datei verwendet, dann lassen sich alle Formatierungen sowie spätere Änderungen (Farbe oder Größe der Schrift) problemlos durch einen Zugriff auf diese Datei erledigen. Zusätzlich durch den Einsatz von externen Dateien wird es

---

[31] Vgl. Erlhofer (2007), S.: 327

Suchmaschinen erschwert, Spam-Techniken als solche zu identifizieren. Eine CSS-Datei kann auch über die Datei *robots.txt* von der Indexierung ausgeschlossen werden.[32]

Beispiel einer externen CSS-Datei (style.css):

```
Body { background: #FFFFF }
H1 { font-size: 10px; padding: 0; }
.hintergrundfarbe {color: #FFFFFF}
.text_1pkt { font-size: 1px }
.versteckter_text { display: none }
```

(Aus: Kobis (2004), S.: 200)

Auf der Webseite muss ein Verweis auf diese externe Datei platziert und gleichzeitig das Verfolgen des Links blockiert werden. Der Standardcode:

```
<link type="text/css" rel="stylesheet" href="style.css">
```

wird durch den folgenden Code ersetzt:

```
<link type="text/css" rel="stylesheet" rel="nofollow"
href="http://www.andere_webseite.de/katalog/style.css">
```

(Aus: Kobis (2004), S.: 202)

Wie bereits erwähnt, kann die Subdomäne "katalog" mithilfe der Datei *robots.txt* von der Indexierung ausgeschlossen werden. Die Datei *robots.txt* soll sich im Root-Verzeichnis befinden und muss in diesem Fall folgende Struktur enthalten:

```
User-agent: *
Disallow: /katalog/
```

Es gibt andere, zahlreiche Möglichkeiten, mit CSS Texte zu verstecken. Das folgende Beispiel zeigt, wie man einen Text mit Cascading Stylesheets an der Hintergrundfarbe anpassen kann.

```
<html>
<head>
<link type="text/css" rel="stylesheet" href="style.css">
```

---

[32] Vgl. Erlhofer (2007), S.: 310

```
</head>
<body>
<link type="text/css" rel="stylesheet" href="style.css">
<span class="hintergrundfarbe">Text in der Hintergrundfarbe</span>
</body>
</head>
</html>
```

(Aus: Kobis (2004), S.: 200)

Heutzutage lassen sich alle als Spam geltende Maßnahmen mit CSS unbestraft realisieren. Allerdings kennt man nicht den Zeitpunkt, wann Suchmaschinen dazu fähig sein werden, die Seiten mit CSS einwandfrei zu interpretieren.

5.11 Andere Spam-Beispiele

- Nonscript

Der Tag <nonscript> wird heutzutage nicht mehr verwendet und dient ausschließlich zum Spammen.
Beispiel:

```
<nonscript><h1> Versteckter Text </h1><nonscript>
```

- Bildkommentare „alt" und „title"

Die Meta-Tags „alt" und „title" sollten ursprünglich dazu dienen, sowohl die Bilder als auch ihren Inhalt zu beschreiben. Wird als ein Keyword eingesetzt, geht alles in Ordnung. Findet aber der Google-Roboter an dieser Stelle mehrere Schlüsselwörter, dann wird diese Technik als Spam eingestuft.

Beispiel:

```
<img src="irgendein_bild.jpg" alt="Verschiedene Keywords" title="
Verschiedene Keywords" />
```

- Mirror-Pages

Als Mirror-Pages bzw. Spiegelseiten oder Mirror-Sites bezeichnet man identische Webseiten, die auf mehreren Domains publiziert sind. Man verfügt auf dieser Weise über mehrere Webseiten mit dem gleichen Content. Die Motivation dabei ist, dass nicht alle relevante Treffer bei einem Keyword von einer Domain gelistet werden, sondern ihre Anzahl wird lediglich auf zwei Ergebnisse eingeschränkt, obwohl die Domäne mehrere Subdomänen enthalten kann, die ebenfalls auf dieses Keyword matchen.

Auf dieser Weise sollte der User ein möglichst breites Spektrum an Suchergebnissen erhalten. Mit dieser Strategie verhindern die Suchmaschinen, dass bei bestimmten Keywords die Suchergebnisse nur durch die Treffer einer einzigen Domäne dominiert werden.

- Scraper-Site

Bei einer Scraper-Site handelt es sich um eine Webseite, die ihren Content von anderen Webseiten kopiert hat. Dabei handelt es sich darum, mit wenig Aufwand eine Webseite zu erstellen, die in den Suchmaschinenergebnissen eine gute Position besitzt. Häufig benutzt man solche Seiten, um darauf Werbung (Affiliate oder Google AdSense) zu platzieren.

- Blog- und Gästebuchspam

Zahlreiche Blogs und Gästebücher stellen eine Möglichkeit dar, einen Verweis auf eigene Webseite zu platzieren. Mithilfe einiger Online-Tools, die das Netz durchkämen, um Inhalte in die Webblogs oder Gästebücher automatisch einzutragen, ist es möglich innerhalb von wenigen Stunden hunderte von eingehenden Links zu generieren. Um automatische Einträge zu verhindern, wird ein Captcha eingesetzt. Der User muss vor dem Abschicken eines Eintrags einen vorher meistens als eine Graphik generierten Code manuell eingeben. Eine andere Captcha-Variante kann den Benutzer auffordern, eine Rechenaufgabe zu lösen und das Ergebnis einzutragen.

Beispiele:

Die Suchmaschinen sind beim Bekämpfen dieses Problems einen Schritt weiter gegangen. Um den Einfluss von Webblogs- und Gästebucheinträgen auf die Suchergebnisse zu minimieren, werden Verweise von Dateien mit den Namen wie z.B.: *guestbook.html*, *gastbuch.html* oder *links.html* beim Berechnen der Link-Popularity weniger oder gar nicht mehr gewichtet.[33]

- Linkfarmen

Als Linkfarm bezeichnet man eine Webseite, die eine enorm hohe Anzahl von Links beinhaltet, die auf externe Webseiten verweisen. Solche Linkfarmen haben in der Regel keinen informativen Charakter, sondern verfolgen nur einen Zweck, Webpräsenz der verlinkten Seiten zu verbessern. Diese Strategie beruht auf dem Link-Popularity-Verfahren, das ausschließlich die quantitativen Aspekte des

---

[33] Vgl. Erlhofer (2007), S.:328

hypertextuellen Mediums betrachtet.[34] Mittlerweile zog Google nach und das PR-Verfahren besser optimiert. Heutzutage berücksichtigt es nicht nur die Anzahl der Links sonder auch ihre Qualität. Wird eine Webseite als Linkfarm demaskiert, so werden alle dort platzierte Links entwertet und einer solchen Webpage droht der Ausschluss aus dem Suchindex.

6 Google Maßnahmen gegen Spamming

Wird auf einer Webseite eine oder mehrere Spam-Techniken entdeckt, muss die betreffende Seite mit gewissen Konsequenzen rechnen. Die Grundlage für die Spam-Erkennung bildet ein auf automatischen Algorithmen basierendes Verfahren, das statistische Analysen heranzieht. Zusätzlich erfolgt auch eine stichprobenartige manuelle Prüfung, die durch die Mitarbeiter der jeweiligen Suchmaschine durchgeführt wird. Bei fast jedem Anbieter besteht auch die Möglichkeit, dass die User selbst Webseiten melden können, zu denen es ein Verdacht besteht, dass sie unsauber optimiert wurden. Als Abstrafung ergreift Google folgende Maßnahmen:

- Sandbox

  Mit diesem Begriff bezeichnet man seit Anfang 2004 einen Zustand, in dem sich eine Webseite befindet. Dieser Zustand charakterisiert sich durch eine deutlich niedrigere Position einer Webseite in den Suchergebnissen, sogar unter Top 100. Folgende Kriterien erhöhen enorm die Wahrscheinlichkeit, dass eine Webseite in eine Sandbox platziert wird:
  - zu dynamische Verlinkung innerhalb einer sehr kurzen Zeit
  - eine frisch angemeldete Domäne, die einen privaten und/oder kommerziellen Charakter hat
  - Webseiten mit einem „Überoptimierungseffekt"[35]
  - Webseiten mit schwer umkämpften Keywords[36]

  Der Sandbox-Effekt lässt nur bei Google zu beobachten. Die damit betroffenen Webseiten sind häufig bei den anderen Anbietern in den Top-Positionen zu finden.

---

[34] Vgl. Erlhofer (2007), S.: 127
[35] Vgl. Erlhofer (2007), S.: 381
[36] Vgl. Kobis (2004), S.: 45

- Filter

Als Abstrafung wegen Spammen wird häufig ein Filter eingesetzt, der sich auf
ein oder mehrere Keywords bezieht, für die eine Webseite optimiert wird. Die
betroffene Webseite wird dann im Ranking weit unten platziert.
Der Grund, einen Filter einzusetzen, kann beispielsweise sein, wenn die
betroffene Seite innerhalb einer kurzen Zeit zu viele eingehende Links
bekommt. Ferner wird angenommen, dass es für die Suchmaschinen dieselbe
Kriterien gibt, einen Filter einzusetzen, wie beim Sandbox-Effekt. Um zu
sehen, ob eine Webseite einem Filterverfahren unterliegt, soll bei Google
folgende Anfrage eingebeben werden:

`allinachor:gesuchtes_wort`

Auf diese Weise werden alle Seiten angezeigt, auch die, bei denen ein Filter,
im bezug auf die gesuchte Phrase, eingesetzt worden ist. Um die
Suchergebnisliste zu vergleichen, startet man noch mal die Anfrage, diesmal
aber ohne „allinachor". Kommen innerhalb der angezeigten Treffer einige
Seiten nicht vor, heißt das, sie wurden aus den Ergebnissen herausgefiltert.[37]

- Ausschuss

Einzelne Webseiten, IP-Adressen oder ganze Domänen werden aus dem
Index entfernt. Der Ausschluss gilt lebenslänglich und wird in der Regel nicht
rückgängig gemacht.

7 Fazit

Das Suchmaschinenspam ist ein sehr komplexes Thema, dessen Instrumente nicht
immer eindeutig und generell als Täuschungsversuch klassifiziert werden können.
Selbst die Suchmaschine Google gibt auf ihrer Webseite keine Spam-Definition an.
Zwischen Web-Spamming und Web-Optimierung liegt eine sehr diffuse Grenze. Was
bei einem Provider als Spam eingestuft ist, muss nicht zwangsläufig auch bei dem
anderen als Spam gelten. Die Klassifizierung beruht auf einer Regel, die besagt,

---

[37] Vgl. Kobis (2004), S.: 46

dass alles, was dem User nicht zugute kommt, sondern rein zur Seiten-Optimierung und damit zur Verbesserung der Ranking-Position initiiert wird, wird als Spam eingestuft.[38]

Die in der vorliegenden Arbeit dargestellten Spam-Verfahren wie Content-Spamming, Link-Spamming, Hiding-Techniken und Combating Spam[39] werden eingesetzt, um effizient und möglichst schnell das erwünschte Ergebnis zu erreichen. Gut „optimierte" Webseite, die große Besucherströme generiert, kann ihr kommerzielles Ziel realisieren. Die Frage ist nun, ob es sich lohnt, auf dieser Art und Weise an die Top-Positionen zu gelangen? Den Suchmaschinen gelingt es relativ schnell, die einfachen und gängigen Spam-Techniken problemlos aufzudecken. Die Aufdeckung der etwas raffinierten Techniken kann etwas länger dauern und selbst wenn sie von den Suchmaschinen nicht automatisch erfolgt, gibt es ja schließlich die Konkurrenz, die ein speziell dazu vorgesehenes Service nutzen kann, um eine bestimmte Webseite zu melden.[40] Als Bestrafung kommt im härtesten Fall die Entfernung einer Webseite aus dem Index einer Suchmaschine vor.

Das Thema des Webspams ist in dieser Auseinandersetzung nicht ausgeschöpft. Das ist gar nicht möglich, weil es im Web ständig neue, mehr oder weniger technisch ausgereifte Spam-Techniken auftauchen. Es handelte sich hierbei vielmehr darum, einen Überblick über Techniken, Motivation und Konsequenzen der Spamm-Verfahren zu verschaffen.

8 Literaturverzeichnis

8.1 Artikel und Bücher

Bing, Liu: Web Data Mining. Exploring Hyperlinks, Contents and Usage Data. Hrg.: Springer Verlag Berlin Heidelberg New York, Heidelberg 2007

Buschmann, Michael: Die Bedeutung von Suche im Online-Geschäft. In: Wie arbeiten die Suchmaschinen von Morgen? Informationstechnische, politische und ökonomische Perspektiven. Hrg.: Friedemann Mattern, Frauenhoffer IRB Verlag, Stuttgart 2008

---

[38] Vgl. Erlhofer (2007), S.: 305
[39] Vgl. Liu (2007), S.:230-234
[40] Vgl. Frontczak, S. 235 und http://www.google.com/contact/spamreport.html (13.02.2009), http://add.yahoo.com/fast/help/us/ysearch/cgi_reportsearchspam (13.02.2009)

Erlhofer, Sebastian: Suchmaschinen-Optimierung. Grundlagen, Funktionsweisen und Ranking-Optimierung. Hrg.: Galileo Press, 3. Auflage, Bonn 2007

Frontczak, Tomasz: Marketing Internetowy w wyszukiwarkach internetowych. Hrg.: Wydawnictwo Helion, 1.Auflage, Gliwice 2006

Kobis, Pawel: Marketing z Google. Jak wejść na wysoką pozycję? Techniki pozycjonowania a spam. Hrg.: Wydawnictwo Naukowe PWN SA, 1.Auflage, Warszawa 2007

Luft, Christian: Keyword Advertising: Planung, Konzeption und Optimierung von Sponsored Links-Kampagnen im Rahmen des Suchmaschinenmarketings. Diplomarbeit vorgelegt an der Fachhochschule Würzburg-Schweinfurt in der Fakultät für Informatik und Wirtschaftsinformatik, angefertigt bei Arcor AG, Würzburg 2007

Stuber, Lukas: Suchmaschinen-Marketing. Direct Marketing im Internet. Hrg.: Orell Füssli Verlag, Zürich 2004

Thurow, Shari: Pozycjonowanie w wyszukiwarkach internetowych (Search Engine Visibility). Hrg.:Wydawnictwo Helion, 1.Auflage, Gliwice 2004

8.2 Internetlinks

http://www.google.com/support/webmasters/bin/answer.py?hl=de&answer=35769 (22.02.2009)

http://www.seofactory.de/suchmaschinen-glossar/S/Spoofing/ (01.02.2009)

http://de.linkvendor.com/seo-tools/linkwert.html (21.02.2009)

http://scienceblogs.com/aardvarchaeology/captcha3.jpg (21.02.2009)

http://www.ecin.de/marketing/suchmaschinenroi/ (28.02.2009)

http://news.netcraft.com/archives/2007/05/01/may_2007_web_server_survey.html (25.01.2009)

http://www.webhits.de/deutsch/index.shtml?webstats.html (02.03.2009)

http://www.cpc-consulting.net/Google-Umsatz-2008--n721 (02.03.2009)

www.ingramcontent.com/pod-product-compliance
Lightning Source LLC
La Vergne TN
LVHW092353060326
832902LV00008B/1013